12 clothes
by machiko kayaki

JN108424

茅木真知子のソーイング
ワンピースとブラウス

文化出版局

contents

付録の実物大パターンは、デザインにより
1〜10は3サイズ（9、11、13号）、
11、12は5サイズ（7、9、11、13、15号）にグレーディングしてあります。
出来上り寸法は、それぞれの作り方ページの表でご確認ください。

no.1
small flower dress

小花模様のワンピース

小花模様が懐かしいコットンレーヨンはウエストにゴムテープを通した着やすいワンピースに。背中はヨークで切り替えてギャザーを寄せました。カーディガンとブーツで寒い季節も着たい服。

作り方 18 ページ

no.2
white blouse

白いブラウス

衿もとのタックがポイントの白いブラウス。とろんとした麻レーヨンで作りました。コーディネートしやすい白いブラウスは季節を問わず便利そう。かんたんなのに作り映えするのでおすすめです。

作り方 36 ページ

no.3
gathered dress

ゆったりギャザーのワンピース
ボタンあきやファスナーつけがない作りやすいワンピース。やわらかいコットンだからギャザーがふんわりきれいに入りました。長袖のカット＆ソーに重ねて着てもいいですね。
作り方 21 ページ

no.4
sleeveless dress

ノースリーブのワンピース

4ページの白いブラウスをワンピー
スにアレンジ。脇ポケットをつけて
グレーの麻で作りました。Tシャツ
の上に重ね着したり、ベルトをした
りとコーディネートも楽しめます。

作り方 24 ページ

no.5
blue linen dress

青い麻のワンピース

グレーがかった青い麻のワン
ピース。7分袖とステンカラーが
昔懐かしいかたちです。無地好
きなのでつい無地の布を選んで
しまいますが、小花プリントなど
お好きな布でどうぞ。

作り方 26 ページ

no.6
sailor collar dress

セーラーカラーのワンピース
とろんとしたレーヨンで作ったノスタ
ルジックなワンピース。大人っぽい
セーラーカラーです。着丈は 120cm
と長くしましたが、少し短くしても大
丈夫なパターンです。後ろの切替え
にはさんだひもベルトを軽く結んでな
んとなくウエストをマークします。
作り方 28 ページ

no.7
fluffy sleeve blouse

ふんわり袖のブラウス
切替えをつけてふんわりさせた袖が
甘くてかわいいブラウス。小花やスト
ライプでもいいですね。ジーンズに
白いスニーカーが似合いそう。
作り方 32 ページ

no.8
big collar dress

大きな衿のワンピース
9ページのブラウスと同じパターンの
衿を使ったワンピースです。甘くなり
すぎないようにメンズっぽいコットン
リネンで作りました。後ろの切替え
には幅広の背ベルトを。後ろ姿、大切
ですからね。
作り方34ページ

no.9
gingham dress

ギンガムチェックのシャツドレス
好きな布を見つけると何を作ろうかと
悩みます。決められなくて長く持ってい
ることになったりもしますが、これは着
ることが多そうなシャツドレスで決定！
洗い加工をした目のつんだコットンです。
作り方 37 ページ

no.10
gingham shirt

リネンギンガムのシャツ
左ページのワンピースの裾をラウンドカットしてシャツにしました。こちらはリネンギンガムです。ゆったりしたシャツは風が通って涼しくてニッポンの夏の必須アイテム。
作り方 40 ページ

no.11
three-quarter sleeve dress

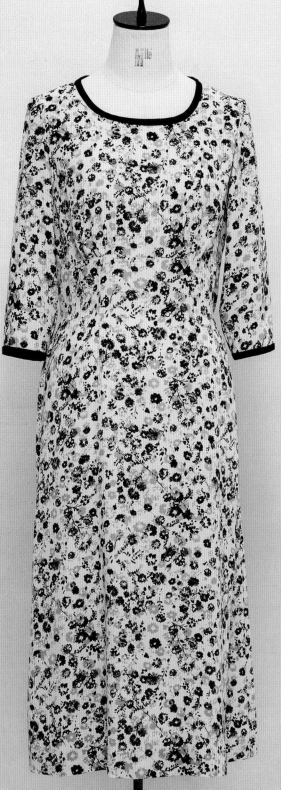

7分袖のワンピース

ワンピースを作りたくなる大人っぽい
ポリエステル。アイボリーにモノトー
ンの優しい花模様です。ギャザーが
やわらかくきれいに出るのもポリエス
テルだから。トリミングにはマットな
コットンキュプラを使いました。

作り方41ページ

no.12
black dress

透ける袖のブラックドレス
一着持っていると便利なリトルブラックドレス。すとんとしたシルエットに袖だけふんわり透けるシフォンです。身頃はやや厚手のポリエステルで、しわになりたくないフォーマルドレスにぴったりです。
作り方45ページ

how to make

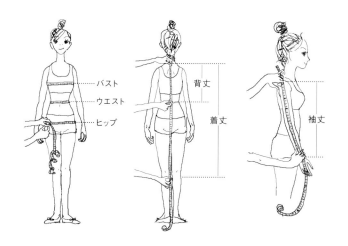

● 採寸とパターンのゆとりについて

まず、ヌード寸法を下着をつけた状態ではかってみましょう。バスト、ウエスト、ヒップは、メジャーを水平にし、ゆるみを加えず、締めすぎないようにはかります。背丈は首のつけ根からウエストまで。着丈は首のつけ根から裾まで。袖丈は肩先から手首のぐりぐりのところまで。イラストのように腕を自然に前方に下げた状態ではかります。今は袖丈を長めに着ることが多いので、出来上り寸法はこの袖丈に1.5〜2cmプラスしてもいいでしょう。
こうしてはかった自分の寸法を参考寸法表と比べてみると、あなたが何号のサイズかわかります。

● ヌード寸法＋ゆるみ＝出来上り寸法

それぞれの服の作り方ページにある出来上り寸法には、その服に必要なゆるみがプラスしてあります。ヌード寸法と出来上り寸法は違うので、そこにご注意ください。この本の実物大パターンは3サイズまたは5サイズありますので、自分の寸法にいちばん近いパターンを使います。

参考寸法表 (cm)

サイズ 名称	7号	9号	11号	13号	15号
バスト	79	82	85	88	91
ウエスト	61	64	67	70	73
ヒップ	87	90	93	96	99
背丈	39	39	39	39	39
袖丈	54	54	54	54	54
身長	163	163	163	163	163

● 着丈は自分の服を参考に

ちょうどいいと思っている自分のワンピースの後ろ中心の丈をはかって、出来上り寸法と比較してみましょう。裾上げはなるべく最後にするので、出来上りに折り、しつけをして試着します。そのとき、必ず靴をはいてみてくださいね。裾のラインはたとえ1cmの違いでもすっきり見えたり、脚のバランスが悪く見えたりするものなので、ここでのひと手間はきっと満足度アップにつながるはずです。

● パターンより丈を長くまたは短くしたいとき

実物大パターンはサイズ別に分けられていますが、身長の設定はどれも同じです。例えば9号でもワンピース丈は着る人によって変わるので、自分に合わせて調整しましょう。
あらかじめ自分のちょうどいい丈寸法がわかっている場合は、実物大パターンから写したパターンの丈をはかり、長さの調整をします。新しい裾線は、パターンの裾線と平行に引くようにします。

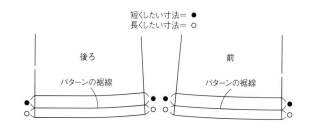

● パターンを作るときのポイントは p.48

no.1

小花模様のワンピース

作品3ページ

● **必要なパターン**（A面）

前、後ろ、ヨーク、袖、前後スカート、前見返し、袋布

● **材料**

表布（コットンレーヨン）140cm 幅2.6m

接着芯（前見返し分）40×50cm

接着テープ（前衿ぐり、裏ヨークの後ろ衿ぐり、前ポケット口分）1cm 幅1m

ボタン直径1.5cm を5個

ゴムテープ1.5cm 幅を自分のウエスト寸法＋2cm

● **裁合せ図**

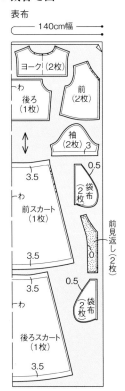

表布

140cm幅

ヨーク（2枚）

後ろ（1枚）わ

前（2枚）

袖（2枚）3

3.5

0.5 袋布（2枚）

前スカート（1枚）わ

前見返し（2枚）

3.5

3.5 0.5 袋布（2枚）わ

後ろスカート（1枚）わ

3.5

★指定以外の縫い代は1cm。
▨▨は裏に接着芯、接着テープをはる

出来上り寸法　　　　　　　　（cm）

名称＼サイズ	9	11	13
バスト	105	108	111
ウエスト	109	112	115
ヒップ	127	130	133
背肩幅	38.2	39	39.8
着丈	117.5	117.5	117.5
袖丈	20	20.1	20.2

● **縫う前の準備**

・前見返しの裏面に接着芯をはる

・前衿ぐりと裏ヨークの後ろ衿ぐり、前スカートのポケット口の縫い代の裏面に接着テープをはる

・前見返し端にジグザグミシンをかける

● **縫い方順序**

1　前端を見返しで始末する（→ p.19）

2　後ろ身頃にギャザーを寄せ、ヨークをつける（→ p.19）

3　前身頃にヨークをつける（→ p.19）

4　身頃に袖をつける（→ p.19）

5　袖下と脇を続けて縫う（→ p.19）

6　袖口を三つ折りにして縫う（→ p.19）

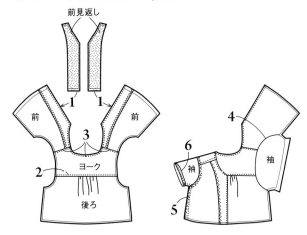

7　スカートの脇を縫い、ポケットを作る（→ p.20）

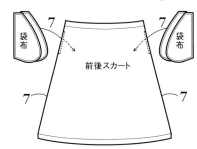

8　身頃とスカートを縫い合わせ、ゴムテープを通す（→ p.20）

9　裾を三つ折りにして縫う（→ p.20）

10　ボタンホールを作り、ボタンをつける（→ p.20）

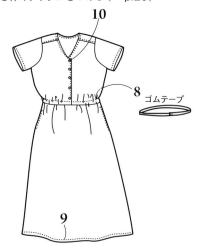

1 前端を見返しで始末する

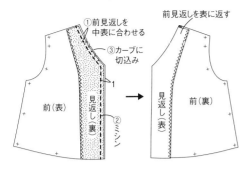

①前見返しを中表に合わせる
前見返しを表に返す
③カーブに切込み
1
②ミシン
前（表）
見返し（裏）
見返し（表）
前（裏）

3 前身頃にヨークをつける

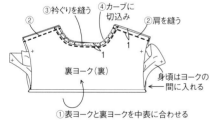

①裏ヨークはよける
②表ヨークと前身頃を中表に合わせ仮どめする
表ヨーク（表）
前（裏）
後ろ（表）

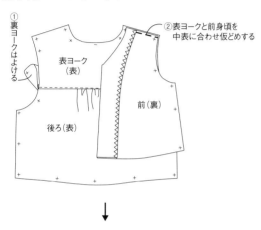

③衿ぐりを縫う
④カーブに切込み
②肩を縫う
②
1
裏ヨーク（裏）
身頃はヨークの間に入れる
①表ヨークと裏ヨークを中表に合わせる

③前端と衿ぐりにミシン
②ミシン
0.1
①ヨークを表に返す
前（裏）
+0.1
0.1
裏ヨーク（表）
前（表）
後ろ（裏）

2 後ろ身頃にギャザーを寄せ、ヨークをつける

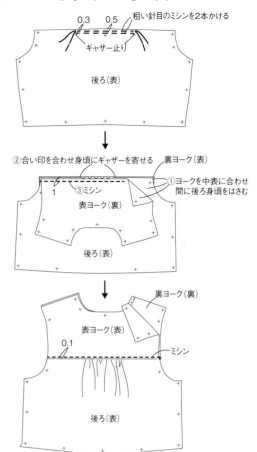

0.3 0.5
粗い針目のミシンを2本かける
ギャザー止り
後ろ（表）

②合い印を合わせ身頃にギャザーを寄せる
裏ヨーク（表）
①ヨークを中表に合わせ間に後ろ身頃をはさむ
③ミシン
1
表ヨーク（裏）
後ろ（表）

裏ヨーク（裏）
表ヨーク（表）
0.1
ミシン
後ろ（表）

4 身頃に袖をつける

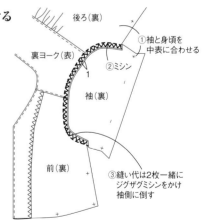

後ろ（裏）
①袖と身頃を中表に合わせる
裏ヨーク（表）
②ミシン
1
袖（裏）
前（裏）
③縫い代は2枚一緒にジグザグミシンをかけ袖側に倒す

5 袖下と脇を続けて縫う
6 袖口を三つ折りにして縫う

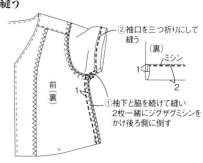

②袖口を三つ折りにして縫う
（裏）
ミシン
1
2
前（裏）
①袖下と脇を続けて縫い2枚一緒にジグザグミシンをかけ後ろ側に倒す

7 スカートの脇を縫い、ポケットを作る
（→ p.25-5 ①②③⑤⑦⑧ 参照）

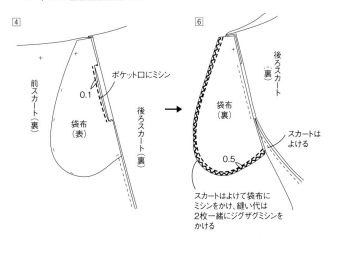

④
前スカート（裏）
0.1
ポケット口にミシン
袋布（表）
後ろスカート（裏）

⑥
後ろスカート（裏）
袋布（裏）
0.5
スカートはよける
スカートはよけて袋布にミシンをかけ、縫い代は2枚一緒にジグザグミシンをかける

8 身頃とスカートを縫い合わせ、ゴムテープを通す

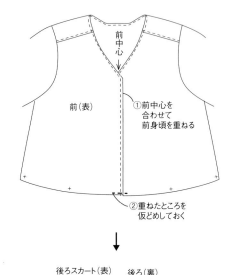

前中心
前（表）
①前中心を合わせて前身頃を重ねる
②重ねたところを仮どめしておく

後ろスカート（表）　後ろ（裏）
①スカートの上端を折っておく
②スカートと身頃を縫合せ線をそろえて中表に合わせる
1　3.5
1
③縫合せ線を縫う
前スカート（裏）

10 ボタンホールを作り、ボタンをつける
（→ p.31 参照）

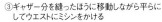

③ギャザー分を縫ったほうに移動しながら平らにしてウエストにミシンをかける

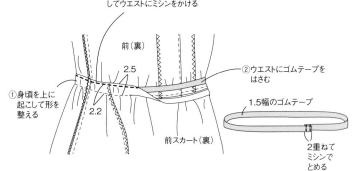

前（裏）
2.5
①身頃を上に起こして形を整える
2.2
②ウエストにゴムテープをはさむ
前スカート（裏）
1.5幅のゴムテープ
2重ねてミシンでとめる

9 裾を三つ折りにして縫う

（裏）
三つ折りにしてミシン
1
2.5

no.3

ゆったりギャザーのワンピース

作品5ページ

● 必要なパターン（B面）

前、後ろ、袖、前後裾フリル、袋布

※ひも、衿ぐり用バイアス布はパターンを作らずに、裁合せ
図で示した寸法を直接布地にしるして裁つ

● 材料

表布（コットン）112cm 幅 3.7 m

接着芯（ひも通し口分）5×3cm

接着テープ（前ポケット口分）1cm 幅 40 cm

● 裁合せ図

表布

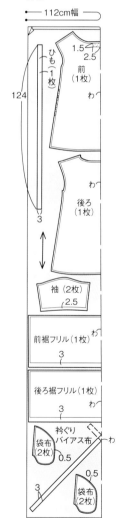

★指定以外の縫い代は1cm。
　▨は接着芯、接着テープをはる

● 縫う前の準備

・ひも通し口位置の裏面に接着芯をはる

・前のポケット口の縫い代の裏面に接着テープをはる

● 縫い方順序

1 身頃の肩を縫い、縫い代に 2 枚一緒にジグザグミシンをかけ、
　後ろ身頃側に倒す（→ p.46）

2 ひも通し口にボタンホールを作り、
　衿ぐりをバイアス布で始末する（→ p.22）

3 身頃に袖をつける（→ p.22）

4 袖下と脇を続けて縫い、ポケットを作る（→ p.22）

5 袖口を三つ折りにして縫う（→ p.22）

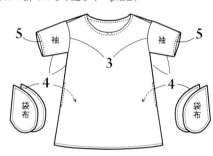

6 裾フリルの脇を縫う（→ p.23）

7 裾フリルにギャザーを寄せ、身頃と縫い合わせる（→ p.23）

8 裾を三つ折りにして縫う（→ p.23）

9 ひもを作り、衿ぐりに通す（→ p.23）

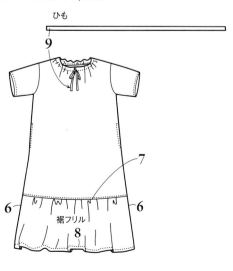

出来上り寸法			(cm)
サイズ 名称	9	11	13
バスト	112	115	118
ウエスト	123	126	129
ヒップ	133	136	139
背肩幅	59.8	61.2	62.6
着丈	117.4	117.4	117.4
袖丈	21.6	21.6	21.6

2 ひも通し口にボタンホールを作り、衿ぐりをバイアス布で始末する

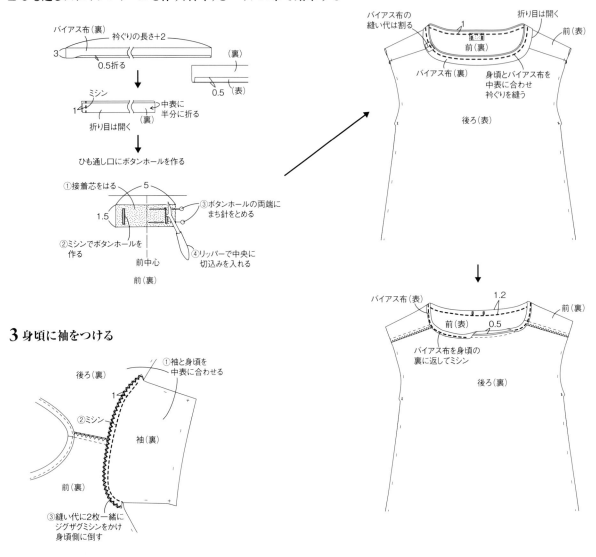

バイアス布（裏）　衿ぐりの長さ+2
3　0.5折る
（裏）
0.5（表）

ミシン　中表に半分に折る
1
折り目は開く（裏）

ひも通し口にボタンホールを作る

①接着芯をはる　5
1.5
②ミシンでボタンホールを作る
③ボタンホールの両端にまち針をとめる
④リッパーで中央に切込みを入れる
前中心
前（裏）

バイアス布の縫い代は割る　折り目は開く
1　前（表）
前（裏）
バイアス布（裏）
身頃とバイアス布を中表に合わせ衿ぐりを縫う
後ろ（表）

バイアス布（表）　1.2
前（表）　前（裏）
0.5
バイアス布を身頃の裏に返してミシン
後ろ（裏）

3 身頃に袖をつける

後ろ（裏）
①袖と身頃を中表に合わせる
1
②ミシン
袖（裏）
前（裏）
③縫い代に2枚一緒にジグザグミシンをかけ身頃側に倒す

4 袖下と脇を続けて縫い、ポケットを作る
ポケット（→ p.25-5 参照）

5 袖口を三つ折りにして縫う

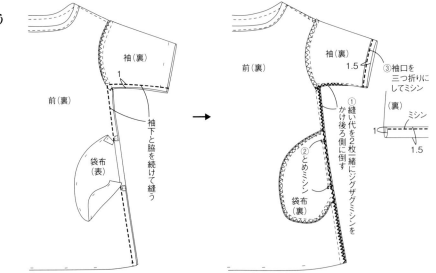

後ろ（裏）
前（裏）
袖（裏）
1
袖下と脇を続けて縫う
袋布（表）

前（裏）
袖（裏）　1.5
①縫い代を2枚一緒にジグザグミシンをかけ後ろ側に倒す
②とめミシン
袋布（裏）
③袖口を三つ折りにしてミシン
（裏）　ミシン
1
1.5

6 裾フリルの脇を縫う

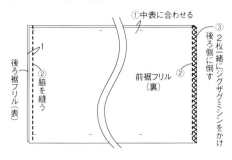

①中表に合わせる
③2枚一緒にジグザグミシンをかける 後ろ側に倒す
②脇を縫う
後ろ裾フリル（表）
前裾フリル（裏）

7 裾フリルにギャザーを寄せ、身頃と縫い合わせる

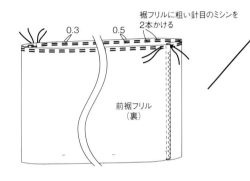

裾フリルに粗い針目のミシンを2本かける
0.3　0.5
前裾フリル（裏）

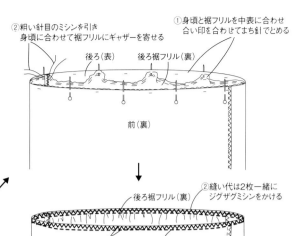

②粗い針目のミシンを引き
身頃に合わせて裾フリルにギャザーを寄せる
①身頃と裾フリルを中表に合わせ
合い印を合わせてまち針でとめる
後ろ（表）　後ろ裾フリル（裏）
前（裏）

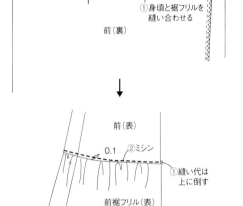

後ろ裾フリル（裏）
②縫い代は2枚一緒にジグザグミシンをかける
①身頃と裾フリルを縫い合わせる
前（裏）
1

前（表）
0.1　②ミシン
①縫い代は上に倒す
前裾フリル（表）

9 ひもを作り、衿ぐりに通す

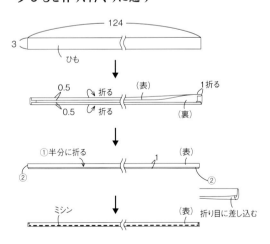

124
3　ひも

0.5　折る　（表）　1折る
0.5　折る　（裏）

①半分に折る　1　（表）
②　　　②

ミシン　　（表）
折り目に差し込む

8 裾を三つ折りにして縫う

（裏）
1　2
三つ折りにしてミシン

23

no.4

ノースリーブのワンピース
作品6ページ

● **必要なパターン**（B面）

前、後ろ、前衿ぐり見返し、後ろ衿ぐり見返し、袋布
※袖ぐり用バイアス布はパターンを作らずに、裁合せ図で示した寸法を直接布地にしるして裁つ

● **材料**

表布（麻）120cm幅 2.3m
接着芯（前後衿ぐり見返し分）50×40cm
接着テープ（前ポケット口分）1cm幅 40cm
ボタン直径1cmを1個

● **裁合せ図**

表布

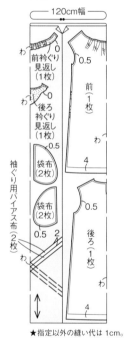

★指定以外の縫い代は1cm。
▨▨は接着芯、接着テープをはる

● **縫う前の準備**

・前衿ぐり見返しと後ろ衿ぐり見返しの裏面に接着芯をはる
・前のポケット口の縫い代の裏面に接着テープをはる

● **縫い方順序**

1 身頃の肩を縫い、縫い代に2枚一緒にジグザグミシンをかけ、後ろ身頃側に倒す（→ p.46）

2 見返しの肩を縫い、縫い代は割る（→ p.46）

3 衿ぐりを見返しで始末する（→ p.24）

4 前身頃にタックをたたみ、衿ぐりにミシンをかける（→ p.25）

5 脇を縫い、ポケットを作る（→ p.25）

6 袖ぐりをバイアス布で始末する（→ p.25）

7 裾を三つ折りにして縫う（→ p.25）

8 糸ループとボタンをつける（→ p.25）

3 衿ぐりを見返しで始末する

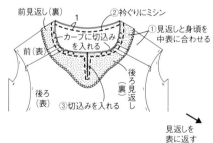

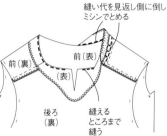

出来上り寸法　　　　　　　　　　　（cm）

サイズ 名称	9	11	13
バスト	100.7	103.7	106.7
ウエスト	101	104	107
ヒップ	105	108	111
背肩幅	42.2	43	43.8
着丈	98	98	98

4 前身頃にタックをたたみ、衿ぐりにミシンをかける

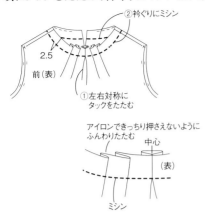

②衿ぐりにミシン

2.5

前（表）

①左右対称にタックをたたむ

アイロンできっちり押さえないようにふんわりたたむ

中心

（表）

ミシン

6 袖ぐりをバイアス布で始末する

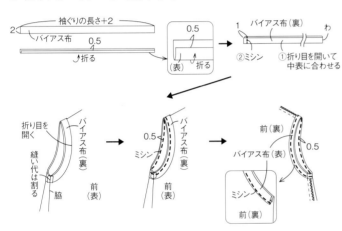

2
袖ぐりの長さ+2
バイアス布
0.5
↪折る

0.5
（表）　折る
②ミシン

1
バイアス布（裏）　わ
①折り目を開いて中表に合わせる

折り目を開く
バイアス布（裏）
縫い代は割る
脇
前（表）

0.5
ミシン
バイアス布（裏）
前（表）

前（裏）
バイアス布（表）
0.5
ミシン
前（裏）

8 糸ループとボタンをつける

（→ p.31、36 参照）

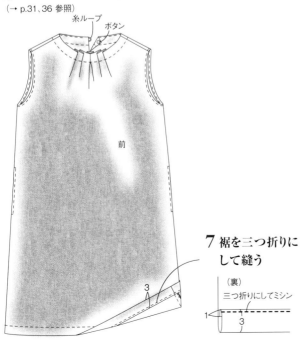

糸ループ　ボタン

前

7 裾を三つ折りにして縫う

3
（裏）
三つ折りにしてミシン
1
3

5 脇を縫い、ポケットを作る

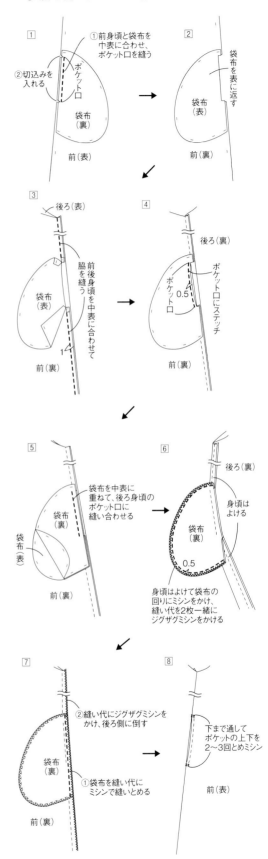

①
①前身頃と袋布を中表に合わせ、ポケット口を縫う
②切込みを入れる
ポケット口
袋布（裏）
前（表）

②
袋布を表に返す
袋布（表）
前（裏）

③
後ろ（表）
前後身頃を中表に合わせて脇を縫う
袋布（表）
前（裏）
1

④
後ろ（裏）
ポケット口にステッチ
0.5
ポケット口
前（裏）

⑤
袋布を中表に重ねて、後ろ身頃のポケット口に縫い合わせる
後ろ（裏）
袋布（裏）
袋布（表）
前（裏）

⑥
後ろ（裏）
身頃はよける
袋布（裏）
0.5
身頃はよけて袋布の回りにミシンをかけ、縫い代を2枚一緒にジグザグミシンをかける

⑦
②縫い代にジグザグミシンをかけ、後ろ側に倒す
袋布（裏）
①袋布を縫い代にミシンで縫いとめる
前（裏）

⑧
下まで通してポケットの上下を2〜3回とめミシン
前（表）

no.5

青い麻のワンピース

作品7ページ

● **必要なパターン**（A面）

前、後ろ、ヨーク、袖、表衿、裏衿、前後スカート、袋布

● **材料**

表布（リネン）148cm 幅3m
接着芯（前見返し、衿分）80×50cm
接着テープ（前ポケット口分）1cm 幅40cm
ボタン直径2cm を5個
ゴムテープ1.5cm 幅を80cm

● **裁合せ図**

表布

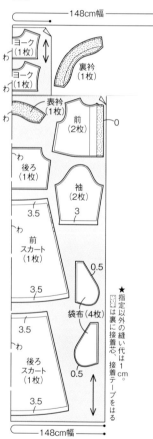

出来上り寸法 (cm)

名称＼サイズ	9	11	13
バスト	105	108	111
ウエスト	109	112	115
ヒップ	127	130	133
背肩幅	38.2	39	39.8
着丈	114	114	114
袖丈	41	41.1	41.2

● **縫う前の準備**

・前見返しの裏面、表衿、裏衿の裏面に接着芯をはる
・前スカートのポケット口の縫い代の裏面に接着テープをはる

● **縫い方順序**

1 前見返しを折り、上端を縫う（→ p.27）
2 後ろ身頃にギャザーを寄せ、ヨークをつける（→ p.19）
3 前身頃にヨークをつける（→ p.27）
4 衿を作り、つける（→ p.27）
5 身頃に袖をつけ、縫い代に2枚一緒に
　ジグザグミシンをかけ、袖側に倒す（→ p.19）
6 袖下と脇を続けて縫い、縫い代に
　2枚一緒にジグザグミシンをかけ、
　後ろ身頃側に倒す（→ p.19）
7 袖口を三つ折りにして縫う（→ p.19）

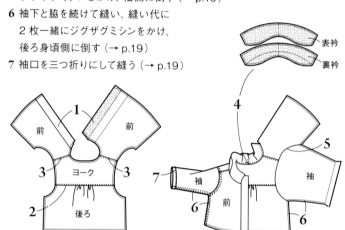

8 スカートの脇を縫い、ポケットを作る（→ p.25）

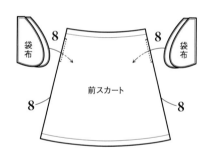

9 身頃とスカートを縫い合わせ、ゴムテープを通す（→ p.20）
10 裾を三つ折りにして縫う（→ p.27）
11 ボタンホールを作り、ボタンをつける（→ p.27）

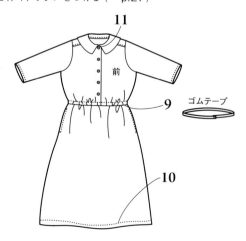

1 前見返しを折り、上端を縫う

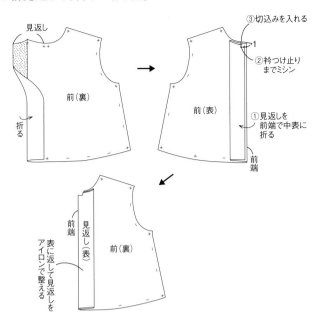

見返し

前（裏）

折る

③切込みを入れる

②衿つけ止り
までミシン

1

①見返しを
前端で中表に
折る

前（表）

前端

前端

見返し（表）

前（裏）

表に返して見返しを
アイロンで整える

3 前身頃にヨークをつける

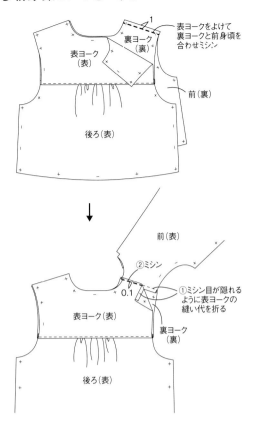

表ヨークをよけて
裏ヨークと前身頃を
合わせミシン

1

裏ヨーク
（裏）

表ヨーク
（表）

前（裏）

後ろ（表）

前（表）

②ミシン

0.1

①ミシン目が隠れる
ように表ヨークの
縫い代を折る

表ヨーク（表）

裏ヨーク
（裏）

後ろ（表）

4 衿を作り、つける

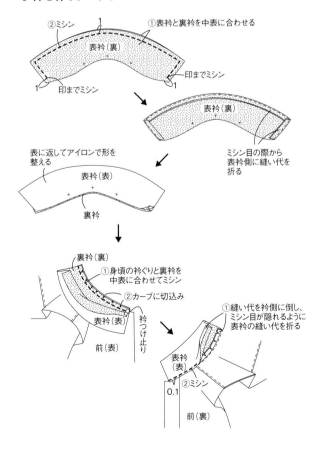

②ミシン

1

①表衿と裏衿を中表に合わせる

表衿（裏）

印までミシン

1

印までミシン

表衿（裏）

表に返してアイロンで形を
整える

表衿（表）

裏衿

ミシン目の際から
表衿側に縫い代を
折る

裏衿（裏）

①身頃の衿ぐりと裏衿を
中表に合わせてミシン

②カーブに切込み

表衿（表）

衿つけ止り

前（表）

①縫い代を衿側に倒し、
ミシン目が隠れるように
表衿の縫い代を折る

表衿
（表）

0.1

②ミシン

前（裏）

11 ボタンホールを作り、ボタンをつける

（→ p.31 参照）

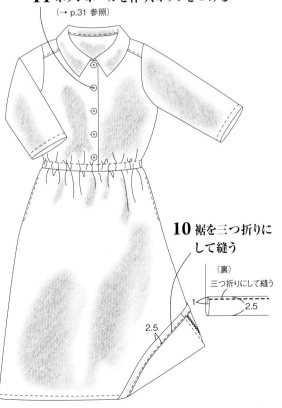

10 裾を三つ折りに
して縫う

（裏）

三つ折りにして縫う

1

2.5

2.5

no.6

セーラーカラーのワンピース

作品8ページ

● 必要なパターン（B面）

前、後ろ、後ろ脇、袖、衿、前見返し、後ろ衿ぐり見返し、
袋布、ひも

● 材料

表布（レーヨン）148cm 幅3m
接着芯（前後見返し、裏衿分）90cm 幅70cm
接着テープ（前後衿ぐり、前ポケット口分）1cm 幅1.2m
ボタン直径1.5cm を6個

● 裁合せ図

表布

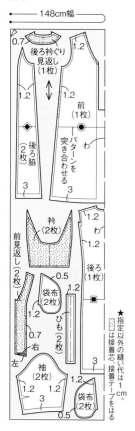

出来上り寸法　(cm)

サイズ 名称	9	11	13
バスト	103	106	109
ウエスト	109	112	115
ヒップ	116	119	122
背肩幅	37	37.8	38.6
着丈	120	120	120
袖丈	40	40.1	40.2

● 縫う前の準備

・前見返しと後ろ衿ぐり見返し、裏衿の裏面に接着芯をはる
・前衿ぐりと後ろ衿ぐり、前のポケット口の縫い代の裏面に接着テープをはる

● 縫い方順序

1 ひもを作る（→ p.29）
2 後ろ身頃と後ろ脇身頃をひもをはさんで縫う（→ p.29）
3 身頃の肩を縫い、縫い代に2枚一緒にジグザグミシンをかけ、
　後ろ身頃側に倒す（→ p.46）
4 見返しを作る（→ p.29）
5 衿を作る（→ p.29）
6 身頃に衿をつける（→ p.29）
7 前あきを始末する（→ p.30）

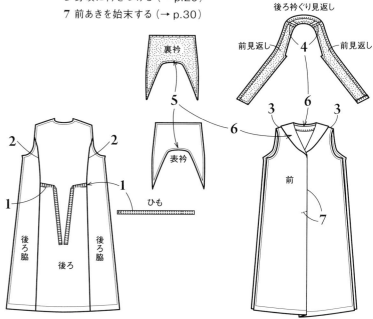

8 袖のダーツを縫い、上側に倒す（→ p.30）
9 身頃に袖をつける（→ p.30）
10 袖下と脇を続けて縫い、ポケットを作る（→ p.30）
11 袖口を三つ折りにして縫う（→ p.31）
12 裾を三つ折りにして縫う（→ p.31）
13 ボタンホールを作り、ボタンをつける（→ p.31）

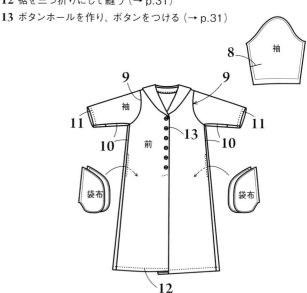

1 ひもを作る

(→ p.43-**8** 参照)

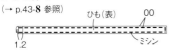

ひも（表）　00

1.2　　ミシン

2 後ろ身頃と後ろ脇身頃をひもをはさんで縫う

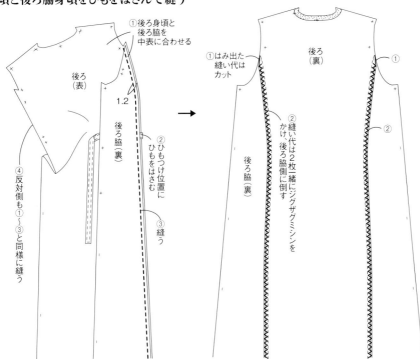

① 後ろ身頃と後ろ脇を中表に合わせる

後ろ（表）

1.2

後ろ脇（裏）

② ひもつけ位置にひもをはさむ

③ 縫う

④ 反対側も①〜③と同様に縫う

① はみ出た縫い代はカット

後ろ（裏）

①

② 縫い代は2枚一緒にジグザグミシンをかけ、後ろ脇側に倒す

②

後ろ脇（裏）

4 見返しを作る

(→ p.33-**2** 参照)

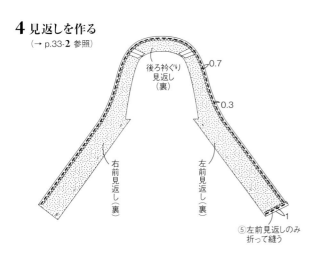

後ろ衿ぐり見返し（裏）

0.7

0.3

右前見返し（裏）

左前見返し（裏）

⑤ 左前見返しのみ折って縫う

1

6 身頃に衿をつける

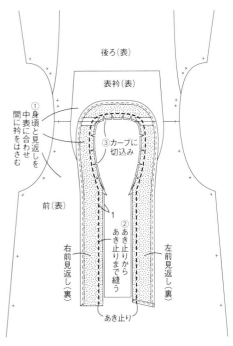

後ろ（表）

表衿（表）

① 身頃と見返しを中表に合わせ間に衿をはさむ

③ カーブに切込み

前（表）

② あき止りから あき止りまで縫う

1

右前見返し（裏）

左前見返し（裏）

あき止り

5 衿を作る

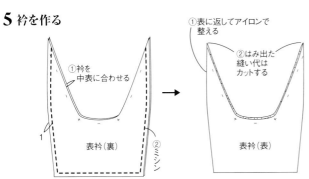

① 衿を中表に合わせる

1

表衿（裏）

ミシン

② 　①表に返してアイロンで整える

②はみ出た縫い代はカットする

表衿（表）

7 前あきを始末する

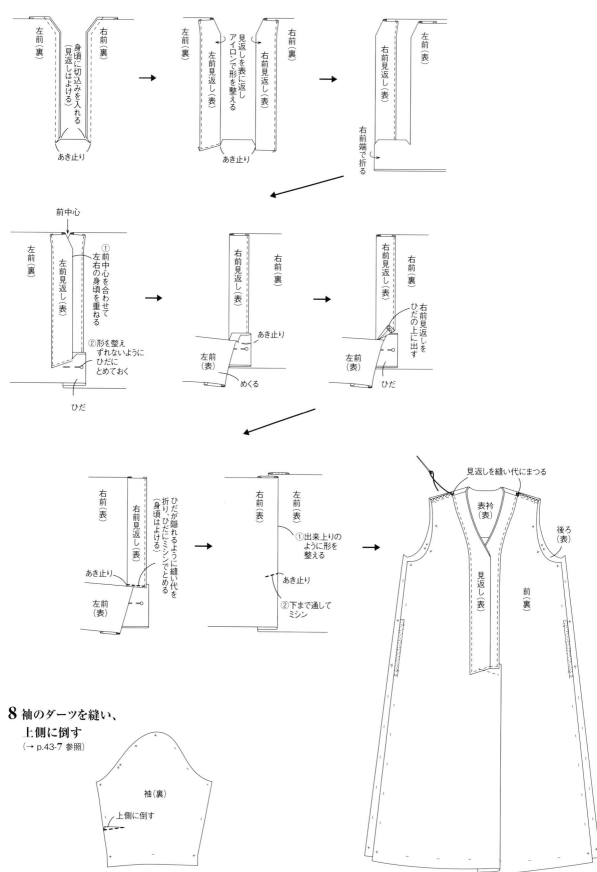

左前（裏）　右前（裏）
身頃に切込みを入れる（見返しはよける）
あき止り

左前（裏）　右前（裏）
見返しを表に返しアイロンで形を整える
左前見返し（表）　右前見返し（表）
あき止り

右前見返し（表）　左前（表）
右前端で折る

前中心
左前（裏）
左前見返し（表）
①前中心を左右の身頃を合わせて身頃を重ねる
②形を整えずれないようにひだにとめておく
ひだ

右前見返し（表）　右前（裏）
あき止り
左前（表）
めくる

右前見返し（表）　右前（裏）
右前見返しをひだの上に出す
左前（表）
ひだ

右前（表）
右前見返し（表）
あき止り
左前（表）
ひだが隠れるように縫い代を折り、ひだにミシンでとめる（身頃はよける）

右前（表）　左前（表）
①出来上りのように形を整える
あき止り
②下まで通してミシン

見返しを縫い代にまつる
表衿（表）
後ろ（表）
見返し（表）
前（裏）

8 袖のダーツを縫い、上側に倒す
（→ p.43-7 参照）

袖（裏）
上側に倒す

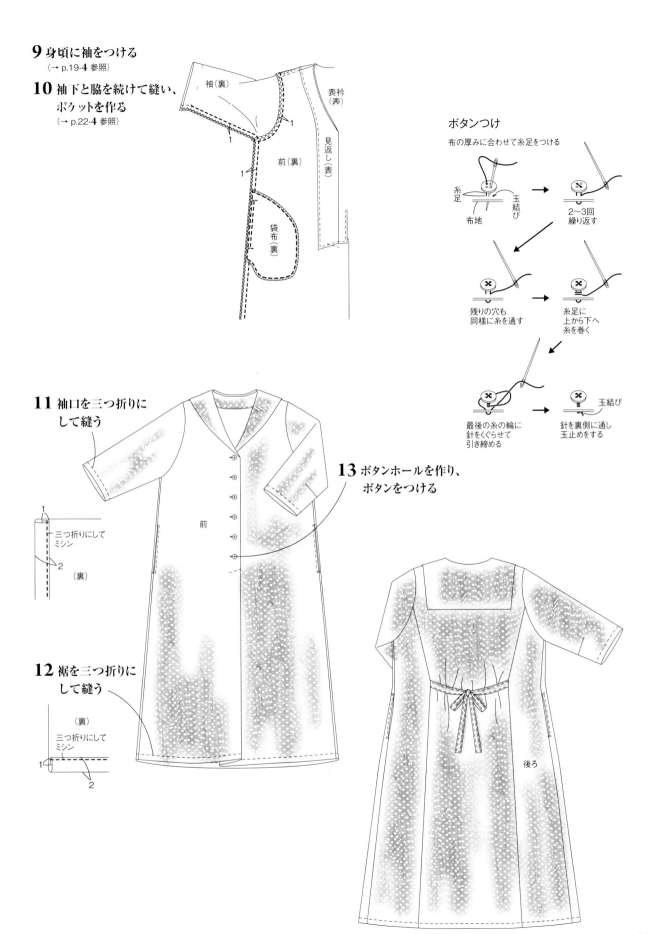

9 身頃に袖をつける
（→ p.19-**4** 参照）

10 袖下と脇を続けて縫い、
　　ポケットを作る
（→ p.22-**4** 参照）

袖（裏）

表衿（表）

見返し（表）

前（裏）

袋布（裏）

ボタンつけ

布の厚みに合わせて糸足をつける

糸足

玉結び

布地

2～3回繰り返す

残りの穴も同様に糸を通す

糸足に上から下へ糸を巻く

最後の糸の輪に針をくぐらせて引き締める

針を裏側に通し玉止めをする

玉結び

11 袖口を三つ折りに
　　して縫う

三つ折りにしてミシン

（裏）

前

13 ボタンホールを作り、
　　ボタンをつける

12 裾を三つ折りに
　　して縫う

（裏）

三つ折りにしてミシン

後ろ

31

no.7

ふんわり袖のブラウス

作品9ページ

● **必要なパターン**（B面）

前、後ろ、袖、袖切替え布、衿、前見返し、後ろ衿ぐり見返し

※袖口縁とり布はパターンを作らずに、裁合せ図で示した寸
法を直接布地にしるして裁つ

● **材料**

表布（ギンガムチェック）150cm幅1.6m

接着芯（前後見返し、裏衿分）90cm幅70cm

ボタン直径1.5cmを7個

● **裁合せ図**

表布

★指定以外の縫い代は1cm。
▨▨は接着芯をはる

● **縫う前の準備**

・前見返しと後ろ衿ぐり見返し、表衿の裏面に接着芯をはる

● **縫い方順序**

1 身頃の肩を縫い、縫い代に2枚一緒にジグザグミシンをかけ、
後ろ身頃側に倒す（→ p.46）

2 見返しを作る（→ p.33）

3 衿を作る（→ p.33）

4 身頃に衿をつける（→ p.33）

5 袖に切替え布をつける（→ p.33）

6 身頃に袖をつける（→ p.33）

7 袖下と脇を続けて縫う（→ p.33）

8 袖口を縁とり布でくるむ（→ p.33）

9 裾を三つ折りにして縫う（→ p.33）

10 ボタンホールを作り、ボタンをつける（→ p.33）

出来上り寸法　　　　　　　　　　（cm）

サイズ／名称	9	11	13
バスト	103	106	109
ウエスト	103	106	109
ヒップ	103	106	109
背肩幅	37	37.8	38.6
着丈	58	58	58
袖丈	39.4	39.5	39.6

2 見返しを作る

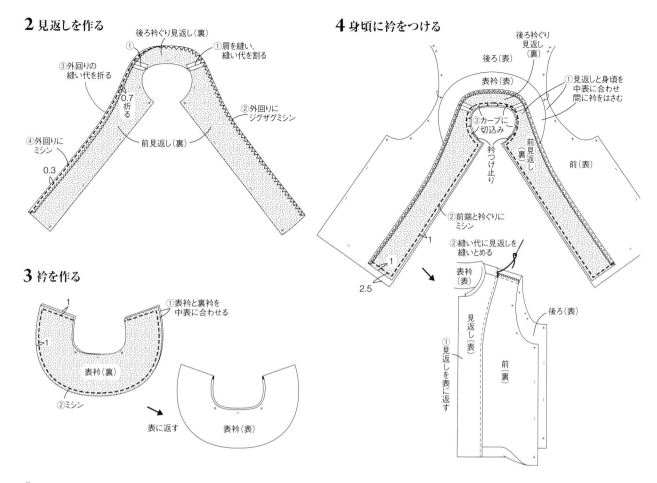

①肩を縫い、縫い代を割る
後ろ衿ぐり見返し(裏)
③外回りの縫い代を折る
0.7折る
④外回りにミシン
0.3
②外回りにジグザグミシン
前見返し(裏)

4 身頃に衿をつける

後ろ(表)
後ろ衿ぐり見返し(裏)
表衿(表)
①見返しと身頃を中表に合わせ間に衿をはさむ
③カーブに切込み
衿つけ止り
前見返し(裏)
前(表)
②前端と衿ぐりにミシン
1
1
2.5

②縫い代に見返しを縫いとめる
表衿(表)
後ろ(表)
見返し(表)
①見返しを表に返す
前(裏)

3 衿を作る

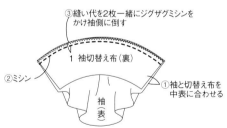

1
1
①表衿と裏衿を中表に合わせる
表衿(裏)
②ミシン
表に返す
表衿(表)

5 袖に切替え布をつける

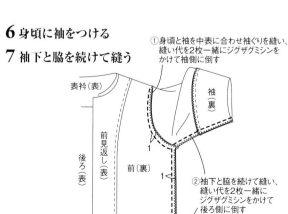

③縫い代を2枚一緒にジグザグミシンをかけ袖側に倒す
②ミシン
1 袖切替え布(裏)
①袖と切替え布を中表に合わせる
袖(表)

6 身頃に袖をつける
7 袖下と脇を続けて縫う

①身頃と袖を中表に合わせ袖ぐりを縫い、縫い代を2枚一緒にジグザグミシンをかけて袖側に倒す
表衿(表)
袖(裏)
前見返し(表)
後ろ(表)
前(裏)
1
1
②袖下と脇を続けて縫い、縫い代を2枚一緒にジグザグミシンをかけて後ろ側に倒す

8 袖口を縁とり布でくるむ

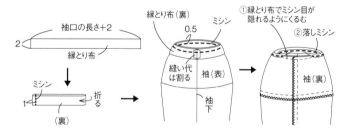

袖口の長さ+2
2
縁とり布
ミシン
1
折る
(裏)
縁とり布(裏)
ミシン
0.5
縫い代は割る
袖(表)
袖下
①縁とり布でミシン目が隠れるようにくるむ
②落しミシン
袖(裏)

10 ボタンホールを作り、ボタンをつける
(→ p.31 参照)

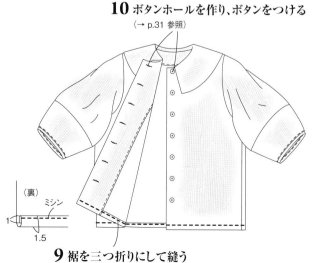

(裏)
ミシン
1
1.5

9 裾を三つ折りにして縫う

no.8

大きな衿のワンピース
作品10ページ

● **必要なパターン**（B面）
前、後ろ、後ろ脇、袖、衿、ベルト、前見返し、
後ろ衿ぐり見返し、袋布

● **材料**
表布（コットンリネン）148cm幅2.6m
接着芯（前後見返し、裏衿、表ベルト分）90cm幅70cm
接着テープ（前ポケット口分）1cm幅40cm
ボタン直径1.8cmを6個

● **裁合せ図**
表布

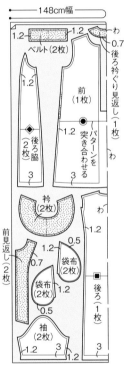

★指定以外の縫い代は1cm。
▨は接着芯、接着テープをはる

● **縫う前の準備**
・前見返しと後ろ衿ぐり見返し、裏衿、表ベルトの裏面に接着芯をはる
・前のポケット口縫い代の裏面に接着テープをはる

● **縫い方順序**
1 ベルトを作る（→ p.35）
2 後ろ身頃と後ろ脇身頃をベルトをはさんで縫う（→ p.35）
3 身頃の肩を縫い、縫い代に2枚一緒にジグザグミシンをかけ、
　後ろ身頃側に倒す（→ p.46）
4 見返しを作る（→ p.29）
5 衿を作る（→ p.35）
6 身頃に衿をつける（→ p.29）
7 前あきを始末する（→ p.29）

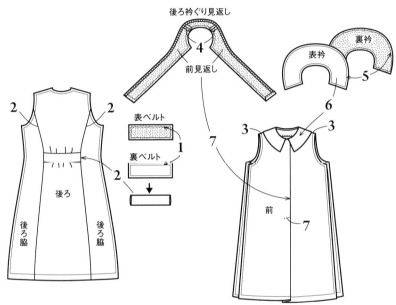

8 身頃に袖をつける（→ p.19）
9 袖下と脇を続けて縫い、ポケットを作る（→ p.30）
10 袖口を三つ折りにして縫う（→ p.35）
11 裾を三つ折りにして縫う（→ p.35）
12 ボタンホールを作り、ボタンをつける（→ p.35）

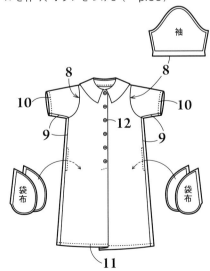

出来上り寸法　　　　　　　　　　　　（cm）

名称＼サイズ	9	11	13
バスト	103	106	109
ウエスト	109	112	115
ヒップ	116	119	122
背肩幅	37	37.8	38.6
着丈	107	107	107
袖丈	28.2	28.3	28.4

1 ベルトを作る

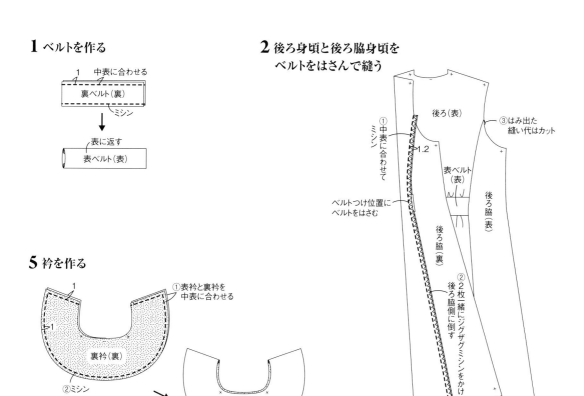

中表に合わせる
裏ベルト（裏）
ミシン

表に返す
表ベルト（表）

2 後ろ身頃と後ろ脇身頃を
ベルトをはさんで縫う

① ミシン

① 中表に合わせて

ベルトつけ位置に
ベルトをはさむ

後ろ（表）

③はみ出た
縫い代はカット

1.2

表ベルト
（表）

後ろ脇
（裏）

後ろ脇
（表）

② 2枚一緒にジグザグミシンをかけ
後ろ脇側に倒す

5 衿を作る

①表衿と裏衿を
中表に合わせる

裏衿（裏）

②ミシン

表に返す

表衿（表）

12 ボタンホールを作り、ボタンをつける
（→ p.31 参照）

前

後ろ

10 袖口を三つ折り
にして縫う

（裏）

三つ折り
にして
ミシン

11 裾を三つ折り
にして縫う

（裏）

三つ折りにしてミシン

no.2

白いブラウス

作品4ページ

● **必要なパターン**（B面）

前、後ろ、前衿ぐり見返し、後ろ衿ぐり見返し

※袖ぐり用バイアス布はパターンを作らずに、裁合せ図で示した寸法を直接布地にしるして裁つ

● **材料**

表布（麻レーヨン）130cm 幅1m

接着芯（前後見返し分）50×40cm

ボタン直径1cmを1個

● **裁合せ図**

表布

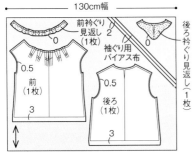

★指定以外の縫い代は1cm。
▨▨は接着芯をはる

● **縫う前の準備**

・前衿ぐり見返しと後ろ衿ぐり見返しの裏面に接着芯をはる

● **縫い方順序**

1 身頃の肩を縫い、縫い代に2枚一緒にジグザグミシンをかけ、後ろ身頃側に倒す（→p.46）

2 見返しの肩を縫い、縫い代は割る（→p.46）

3 衿ぐりを見返しで始末する（→p.24）

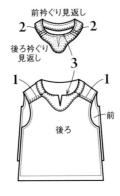

4 前身頃にタックをたたみ、衿ぐりにミシンをかける（→p.25）

5 脇を縫い、縫い代に2枚一緒にジグザグミシンをかけ後ろ身頃側に倒す（→p.46）

6 袖ぐりをバイアス布で始末する（→p.25）

7 裾を三つ折りにして縫う（→p.36）

8 糸ループとボタンをつける（→p.36）

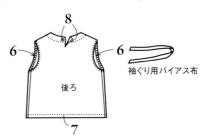

袖ぐり用バイアス布

8 糸ループとボタンをつける

（→p.31 参照）

糸ループ

ボタン

糸ループ

糸を2〜3回渡して芯を作る

ボタンが通るくらいの長さ

ボタンホール・ステッチの要領で芯にからめる

7 裾を三つ折りにして縫う

（裏）

三つ折りにしてミシン

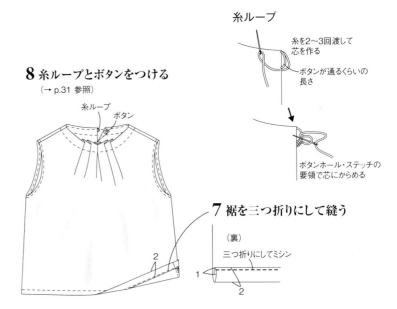

名称＼サイズ	9	11	13
バスト	100.7	103.7	106.7
ウエスト	101	104	107
ヒップ	105	108	111
背肩幅	42.2	43	43.8
着丈	54	54	54

出来上り寸法　(cm)

no.9
ギンガムチェックのシャツドレス
作品12ページ

● **必要なパターン**（A 面）
前、後ろ、ヨーク、袖、衿、短冊、ポケット、袋布

● **材料**
表布（コットン）112cm 幅3.2m
接着芯（衿、短冊分）80×35cm
接着テープ（前ポケット口分）1cm 幅40cm
ボタン直径1.5cm を3個

● **裁合せ図**

表布

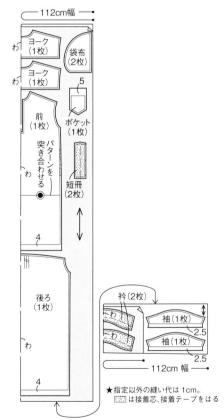

★指定以外の縫い代は1cm。
▨ は接着芯、接着テープをはる

出来上り寸法　　　（cm）

名称＼サイズ	9	11	13
バスト	131	134	137
ウエスト	131.5	134.5	137.5
ヒップ	132	135	138
背肩幅	58	58.8	59.6
着丈	115	115	115
袖丈	9.4	9.5	9.6

● **縫う前の準備**
・短冊、表衿、裏衿の裏面に接着芯をはる
・前のポケット口縫い代の裏面に接着テープをはる
・ポケットの脇と底の縫い代にジグザグミシンをかける

● **縫い方順序**
1 胸ポケットを作り、
　つける（→ p.38）
2 短冊をつける
　（→ p.38）
3 後ろ身頃に
　ヨークをつける
　（→ p.38）

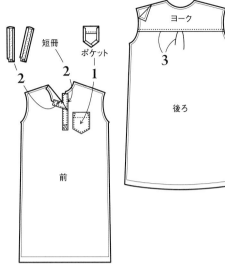

4 前身頃にヨークをつける（→ p.38）
5 衿を作り、つける（→ p.38）

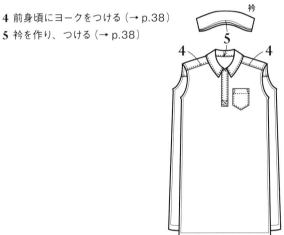

6 身頃に袖をつける（→ p.38）
7 袖下と脇を続けて縫い、ポケットを作る（→ p.39）
8 袖口を三つ折りにして縫う（→ p.39）
9 裾を三つ折りにして縫う（→ p.39）
10 ボタンホールを作り、
　　ボタンをつける（→ p.39）

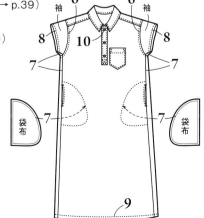

1 胸ポケットを作り、つける

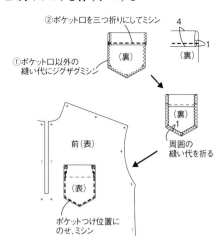

②ポケット口を三つ折りにしてミシン

①ポケット口以外の縫い代にジグザグミシン

(裏)

(裏)

4

(裏)

1

周囲の縫い代を折る

前(表)

(裏)

(表)

ポケットつけ位置にのせ、ミシン

2 短冊をつける

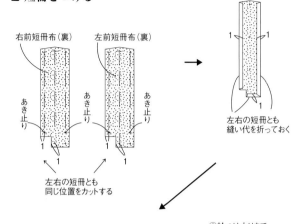

右前短冊布(裏)　左前短冊布(裏)

あき止り　あき止り　あき止り

1　1　1

1　1

左右の短冊とも縫い代を折っておく

左右の短冊とも同じ位置をカットする

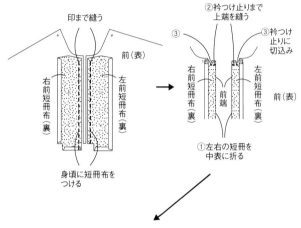

②衿つけ止りまで上端を縫う

印まで縫う

前(表)

③

③衿つけ止りに切込み

右前短冊布(裏)　左前短冊布(裏)

右前短冊布(裏)　前端　左前短冊布(裏)

前(表)

身頃に短冊布をつける

①左右の短冊を中表に折る

3 後ろ身頃にヨークをつける

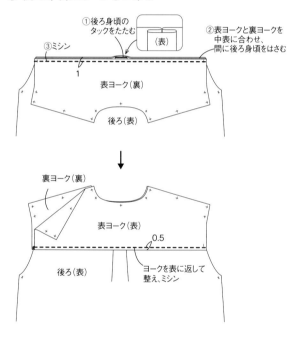

①後ろ身頃のタックをたたむ

②表ヨークと裏ヨークを中表に合わせ、間に後ろ身頃をはさむ

(表)

③ミシン

1

表ヨーク(裏)

後ろ(表)

裏ヨーク(裏)

表ヨーク(表)

0.5

後ろ(表)

ヨークを表に返して整え、ミシン

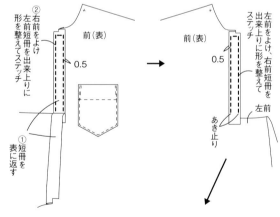

②右前をよけ左前短冊を出来上りに形を整えてステッチ

前(表)

0.5

①短冊を表に返す

②左前をよけ、右前短冊を出来上りに形を整えてステッチ

前(表)

0.5

左前

あき止り

4 前身頃にヨークをつける

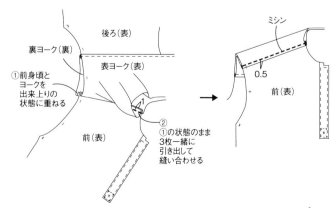

後ろ(表)

裏ヨーク(裏)

表ヨーク(表)

①前身頃とヨークを出来上りの状態に重ねる

前(表)

②

①の状態のまま3枚一緒に引き出して縫い合わせる

1

ミシン

0.5

前(表)

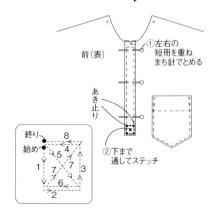

前(表)

①左右の短冊を重ねまち針でとめる

あき止り

②下まで通してステッチ

終り　8

始め　4

5　7

1　7

6

2　3

38

5 衿を作り、つける
(→ p.27-**4** 参照)

ステッチ

前（表）

0.5

6 身頃に袖をつける
(→ p.22-**3** 参照)

①袖をつける

袖（表）

0.5

前（表）

③ミシン

②縫い代は2枚一緒に
ジグザグミシンをかけ
身頃側に倒す

7 袖下と脇を続けて縫い、ポケットを作る

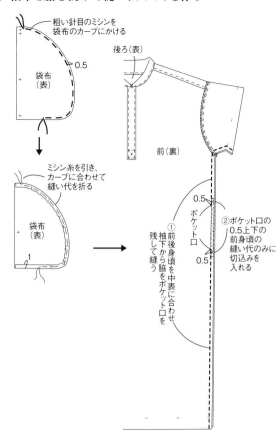

粗い針目のミシンを
袋布のカーブにかける

袋布（表）

0.5

後ろ（表）

前（裏）

ミシン糸を引き、
カーブに合わせて
縫い代を折る

袋布（表）

1

①前後身頃を中表に合わせ、
袖下から脇をポケット口を
残して縫う

0.5
ポケット口
0.5

②ポケット口の
0.5上下の
前身頃の
縫い代のみに
切込みを
入れる

前（裏）　後ろ（裏）

0.5

②ポケット口に
ミシン

ポケット口

①ポケット口の前の
縫い代に
ジグザグミシンを
かけ
前側に倒す

前（裏）　後ろ（裏）

袋布（裏）

袋布をポケット
つけ位置に
合わせてのせ、
周囲を縫う

後ろ（表）

前（裏）

①袋布を縫い代に
縫いとめる
（前のポケット口は
縫い込まないように
注意する）

②袖下から脇の
縫い代に
ジグザグミシンをかけ、
後ろ側に倒す

後ろ（表）　前（表）

袋布（裏）

ポケット口の上下に
下まで通して2～3回
とめミシン

10 ボタンホールを作り、
ボタンをつける
(→ p.31 参照)

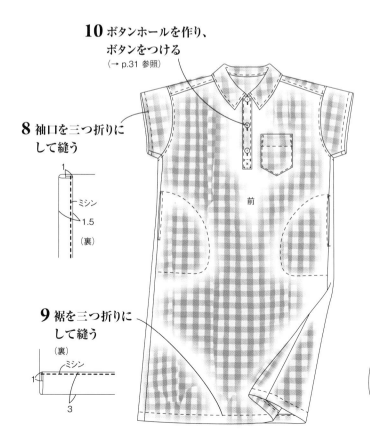

前

8 袖口を三つ折りに
して縫う

1

ミシン

1.5

（裏）

9 裾を三つ折りに
して縫う

（裏）

ミシン

1

3

no.10

リネンギンガムのシャツ
作品13ページ

● **必要なパターン**（A面）
前、後ろ、ヨーク、袖、衿、短冊、
ポケット

● **材料**
表布（麻）140cm 幅1.5m
接着芯（衿、短冊分）80×35cm
ボタン直径1.5cmを3個

● **裁合せ図**

表布

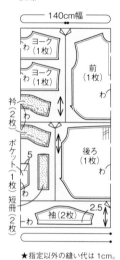

★指定以外の縫い代は1cm。
▨は接着芯をはる

● **縫う前の準備**
・短冊、表衿、裏衿の裏面に接着芯をはる
・ポケットの脇と底の縫い代にジグザグミシンをかける

● **縫い方順序**
1 ポケットを作り、つける（→ p.38）
2 短冊をつける（→ p.38）

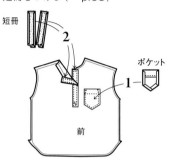

3 後ろ身頃にヨークをつける（→ p.38）

4 前身頃にヨークをつける（→ p.38）
5 衿を作り、つける（→ p.39）

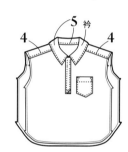

6 身頃に袖をつけ、縫い代に2枚一緒に
　ジグザグミシンをかける。身頃側に倒し、
　ミシンステッチをする（→ p.38）
7 裾を三つ折りにして縫う（→ p.40）
8 袖下と脇を続けて縫う（→ p.40）
9 袖口を三つ折りにして縫う（→ p.40）
10 ボタンホールを作り、ボタンをつける
　（→ p.40）

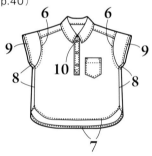

9 袖口を三つ折りにして縫う

10 ボタンホールを作り、
　ボタンをつける
（→ p.31 参照）

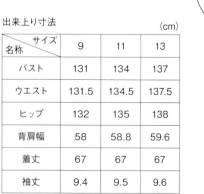

7 裾を三つ折りにして縫う

8 袖下と脇を続けて縫う

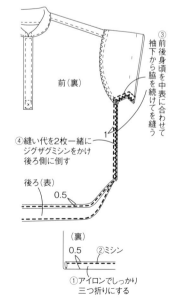

出来上り寸法　　　　　　　　　　（cm）

名称 ＼ サイズ	9	11	13
バスト	131	134	137
ウエスト	131.5	134.5	137.5
ヒップ	132	135	138
背肩幅	58	58.8	59.6
着丈	67	67	67
袖丈	9.4	9.5	9.6

no.11

7分袖のワンピース

作品14ページ

● **必要なパターン**（A面）

前、後ろ、前スカート、後ろスカート、袖、ひも

※衿ぐり用、袖口用縁とり布は、パターンを作らずに、裁合せ図で示した寸法を直接布地にしるして裁つ

● **材料**

表布（ポリエステル）116cm幅2.6m
別布（コットンキュプラ）55×55cm
接着テープ（ファスナーあき分）1cm幅1.1m
コンシールファスナー長さ55cmを1本

● **裁合せ図**

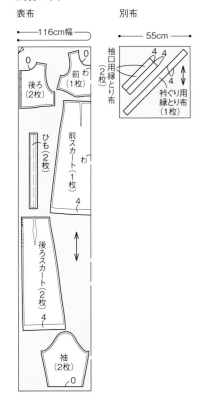

★指定以外の縫い代は1cm。
▨は裏に接着テープをはる

● **縫う前の準備**

・後ろ身頃の後ろ中心、後ろスカートのファスナー位置の縫い代の裏面に接着テープをはる

● **縫い方順序**

1 前後身頃のウエストに粗い針目のミシンをかける（→ p.42）
2 身頃の肩を縫う（→ p.42）
3 身頃の脇を縫う（→ p.42）
4 袖下を縫う（→ p.42）
5 袖口を縁とり布でくるむ（→ p.42）
6 身頃に袖をつける（→ p.42）

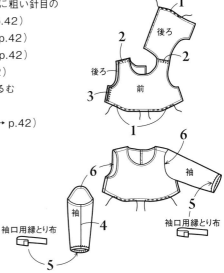

7 前後スカートのダーツを縫う（→ p.43）
8 ひもを作る（→ p.43）
9 スカートの脇にひもをはさんで縫う（→ p.43）

10 身頃とスカートを縫い合わせる（→ p.43）
11 後ろ中心を縫う（→ p.43）
12 ファスナーをつける（→ p.44）
13 衿ぐりを縁とり布でくるむ（→ p.44）
14 裾を二つ折りにして奥まつりする（→ p.44）

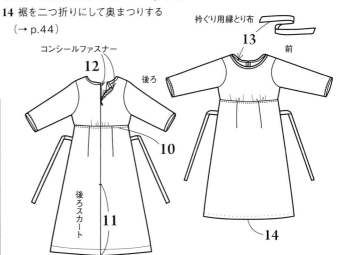

出来上り寸法 (cm)

名称＼サイズ	7	9	11	13	15
バスト	93.6	96.6	99.6	102.6	105.6
ウエスト	75.2	78.2	81.2	84.2	87.2
ヒップ	95.2	98.2	101.2	104.2	107.2
背肩幅	36.4	37.2	38	38.8	39.6
着丈	109.2	109.2	109.2	109.2	109.2
袖丈	40.9	41	41.1	41.2	41.3

1 前後身頃のウエストに粗い針目のミシンをかける

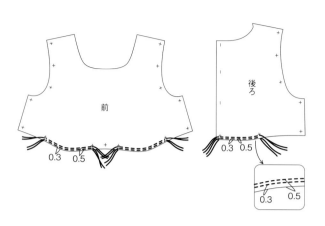

前

後ろ

0.3　0.5

0.3　0.5

0.3　0.5

2 身頃の肩を縫う

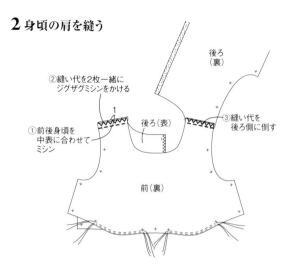

②縫い代を2枚一緒に
ジグザグミシンをかける

①前後身頃を
中表に合わせて
ミシン

後ろ（裏）

後ろ（表）

③縫い代を
後ろ側に倒す

前（裏）

1

3 身頃の脇を縫う

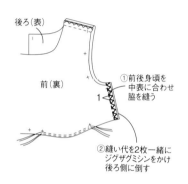

後ろ（表）

前（裏）

①前後身頃を
中表に合わせ
脇を縫う

1

②縫い代を2枚一緒に
ジグザグミシンをかけ
後ろ側に倒す

4 袖下を縫う

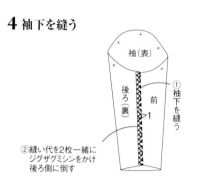

袖（表）

後ろ（裏）

前

①袖下を縫う

1

②縫い代を2枚一緒に
ジグザグミシンをかけ
後ろ側に倒す

5 袖口を縁とり布でくるむ

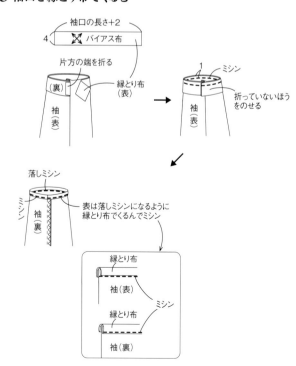

袖口の長さ+2

4　バイアス布

片方の端を折る

縁とり布
（表）

（裏）

袖（表）

ミシン

1

折っていないほう
をのせる

袖（表）

落しミシン

ミシン

袖（裏）

表は落しミシンになるように
縁とり布でくるんでミシン

縁とり布

袖（表）

ミシン

縁とり布

袖（裏）

6 身頃に袖をつける

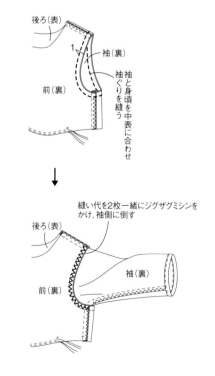

後ろ（表）

1

袖（裏）

前（裏）

袖と身頃を
中表に合わせ

袖ぐりを縫う

縫い代を2枚一緒にジグザグミシンを
かけ、袖側に倒す

後ろ（表）

前（裏）

袖（裏）

7 前後スカートのダーツを縫う

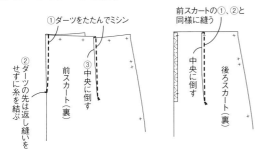

①ダーツをたたんでミシン

②ダーツの先は返し縫いをせずに糸を結ぶ

前スカート（裏）

③中央に倒す

前スカートの①、②と同様に縫う

中央に倒す

後ろスカート（裏）

8 ひもを作る

①中表に半分に折る

ひも（裏）

②ミシン

1

↓

表に返す

ひも（表）

9 スカートの脇にひもをはさんで縫う

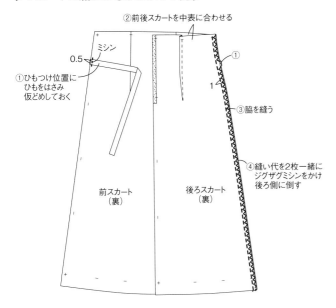

②前後スカートを中表に合わせる

ミシン

0.5

①ひもつけ位置にひもをはさみ仮どめしておく

①

1

③脇を縫う

④縫い代を2枚一緒にジグザグミシンをかけ後ろ側に倒す

前スカート（裏）

後ろスカート（裏）

10 身頃とスカートを縫い合わせる

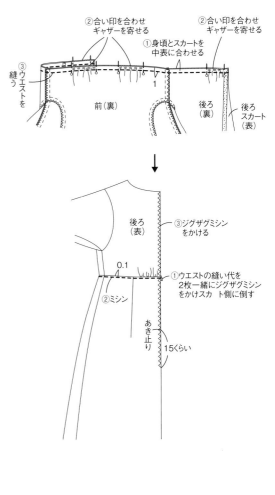

②合い印を合わせギャザーを寄せる

②合い印を合わせギャザーを寄せる

①身頃とスカートを中表に合わせる

③ウエストを縫う

前（裏）

1

後ろ（裏）

後ろスカート（表）

↓

後ろ（表）

③ジグザグミシンをかける

0.1

②ミシン

①ウエストの縫い代を2枚一緒にジグザグミシンをかけスカート側に倒す

あき止り

15くらい

11 後ろ中心を縫う

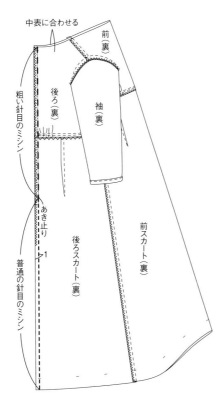

中表に合わせる

前（裏）

後ろ（裏）

袖（裏）

粗い針目のミシン

あき止り

1

普通の針目のミシン

後ろスカート（裏）

前スカート（裏）

43

12 ファスナーをつける

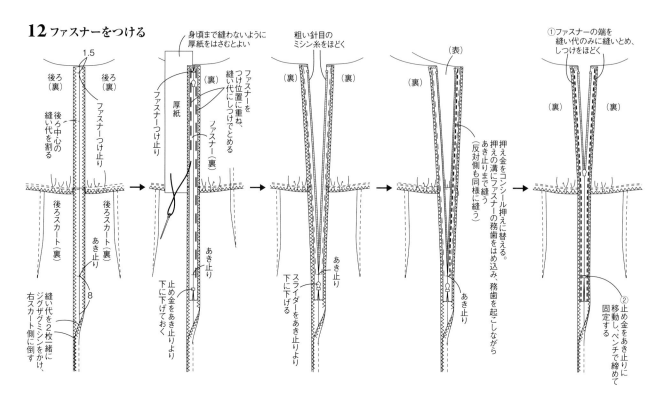

1.5

後ろ（裏）　後ろ（裏）

後ろ中心の縫い代を割る

ファスナーつけ止り

後ろスカート（裏）　後ろスカート（裏）

あき止り　あき止り

8

縫い代を2枚一緒にジグザグミシンをかけ、右スカート側に倒す

身頃まで縫わないように厚紙をはさむとよい

ファスナーを つけ位置に重ね、縫い代にしつけでとめる

厚紙

ファスナーつけ止り

ファスナー（裏）

止め金をあき止りより下に下げておく

あき止り

粗い針目のミシン糸をほどく

（裏）　（裏）

スライダーをあき止りより下に下げる

あき止り

（表）

（裏）　（裏）

押え金をコンシール押えに替える。押えの溝にファスナーの務歯をはめ込み、務歯を起こしながらあき止りまで縫う
（反対側も同様に縫う）

あき止り

①ファスナーの端を縫い代のみに縫いとめ、しつけをほどく

（裏）　（裏）

②止め金をあき止りに移動し、ペンチで締めて固定する

13 衿ぐりを縁とり布でくるむ

4　バイアス布　縁とり布

衿ぐりの長さ+2

①縁とり布と身頃の衿ぐりを中表に合わせミシン

縁とり布（裏）

前（表）

②縁とり布で衿ぐりをくるむ

縁とり布（裏）

折る　折る　折る

ミシン目が隠れるように折る

（裏）

落しミシンで衿ぐりに縫いつける

（裏）

前（表）

落しミシン

（裏）

14 裾を二つ折りにして奥まつりする

（裏）　4

二つ折り

奥まつり

②しつけをする　0.8　（裏）

①二つ折り

（裏）

縫い代をめくり、織り糸を1〜2本すくって奥まつりする

no.12

透ける袖のブラックドレス

作品16ページ

● **必要なパターン**（A面）

前、後ろ、袖、カフス、前衿ぐり見返し、後ろ衿ぐり見返し

● **材料**

表布（ポリエステル）150cm幅1.7m
別布（ポリエステルシフォン）112cm幅90cm
接着芯（前後見返し分）70cm幅20cm
接着テープ（前後衿ぐり、ファスナー口分）1cm幅1.3m
コンシールファスナー長さ30cmを1本

● **裁合せ図**

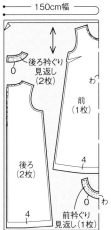

表布

別布

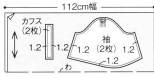

★指定以外の縫い代は1cm。
▨▨は接着芯、接着テープをはる

● **縫う前の準備**

・前衿ぐり見返しと後ろ衿ぐり見返しの裏面に接着芯をはる
・前衿ぐりと後ろ衿ぐり、後ろ身頃のファスナー位置の縫い代の裏面に接着テープをはる
・後ろ身頃の後ろ中心の縫い代にあき止りから15cm下くらいまでジグザグミシンをかける

● **縫い方順序**

1 前身頃のダーツを縫う（→ p.46）
2 後ろ中心を縫う（→ p.46）
3 ファスナーをつける（→ p.46）
4 身頃の肩を縫う（→ p.46）
5 見返しの肩を縫う（→ p.46）
6 衿ぐりを見返しで始末する（→ p.46）
7 脇を縫う（→ p.46）

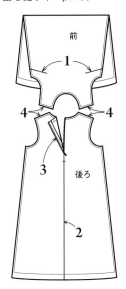

8 袖山のタックをたたむ（→ p.46）
9 袖下を袋縫いする（→ p.47）
10 袖口にカフスをつける（→ p.47）
11 身頃に袖をつける（→ p.47）
12 裾を二つ折りにして奥まつりする（→ p.47）

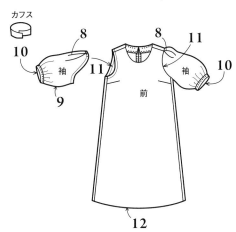

出来上り寸法　　　　　　　　　　　　　　　　　　（cm）

サイズ / 名称	7	9	11	13	15
バスト	94.5	97.5	100.5	103.5	106.5
ウエスト	103.7	106.7	109.7	112.7	115.7
ヒップ	112	115	118	121	124
背肩幅	37.1	37.9	38.7	39.5	40.3
着丈	102.7	102.7	102.7	102.7	102.7
袖丈	35.5	35.6	35.7	35.8	35.9
袖口	23.5	24	24.5	25	25.5

1 前身頃のダーツを縫う

前（裏）

②ダーツの先は
返し縫いをせずに
糸を結ぶ

③ダーツを
上側に倒す

①ダーツをたたんでミシン

3 ファスナーをつける

（→ p.44-12 参照）

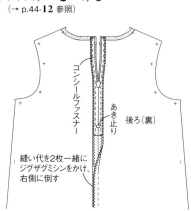

コンシールファスナー

あき止り

後ろ（裏）

縫い代を2枚一緒
にジグザグミシンをかけ、
右側に倒す

4 身頃の肩を縫う

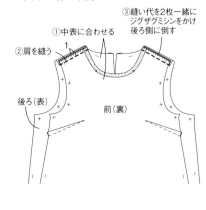

③縫い代を2枚一緒に
ジグザグミシンをかけ
後ろ側に倒す

①中表に合わせる

②肩を縫う

後ろ（表）

前（裏）

2 後ろ中心を縫う

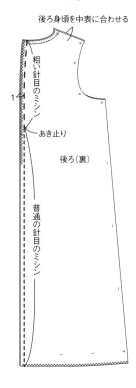

後ろ身頃を中表に合わせる

粗い針目のミシン

あき止り

普通の針目のミシン

後ろ（裏）

5 見返しの肩を縫う

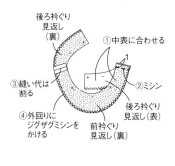

後ろ衿ぐり
見返し
（裏）

①中表に合わせる

②ミシン

③縫い代は
割る

④外回りに
ジグザグミシンを
かける

後ろ衿ぐり
見返し
（表）

前衿ぐり
見返し
（裏）

7 脇を縫う

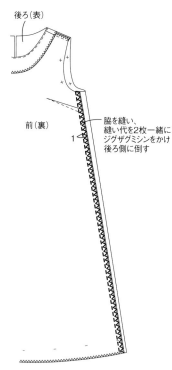

後ろ（表）

前（裏）

脇を縫い、
縫い代を2枚一緒に
ジグザグミシンをかけ
後ろ側に倒す

6 衿ぐりを見返しで始末する

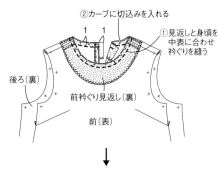

②カーブに切込みを入れる

①見返しと身頃を
中表に合わせ
衿ぐりを縫う

後ろ（裏）

前衿ぐり見返し（裏）

前（表）

身頃の縫い代を見返し側に倒し、
見返しと身頃の縫い代にミシンを
かける（身頃はよける）

0.1

1折る

前（表）

＊表からステッチは見えない

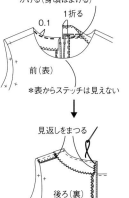

見返しをまつる

後ろ（裏）

8 袖山のタックをたたむ

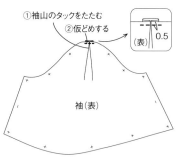

①袖山のタックをたたむ

②仮どめする

（表）

0.5

袖（表）

9 袖下を袋縫いする

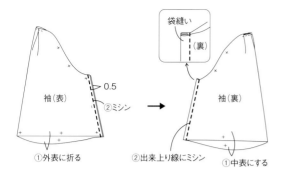

袋縫い
(裏)

袖(表)
0.5
②ミシン

①外表に折る
②出来上り線にミシン

袖(裏)
②出来上り線にミシン
①中表にする

10 袖口にカフスをつける

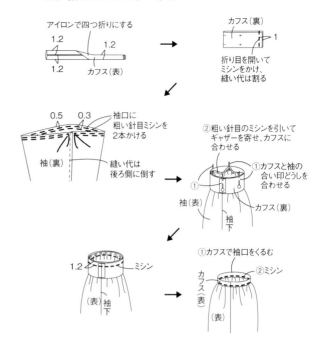

アイロンで四つ折りにする
1.2
1.2
1.2
カフス(表)

カフス(裏)
1
折り目を開いて
ミシンをかけ、
縫い代は割る

0.5　0.3
袖口に
粗い針目ミシンを
2本かける
袖(裏)
縫い代は
後ろ側に倒す

②粗い針目のミシンを引いて
ギャザーを寄せ、カフスに
合わせる
①カフスと袖の
合い印どうしを
合わせる
①
袖(表)
カフス(裏)
袖下

①カフスで袖口をくるむ
1.2
ミシン
(表) 袖下
②ミシン
カフス(表)
(表)

11 身頃に袖をつける

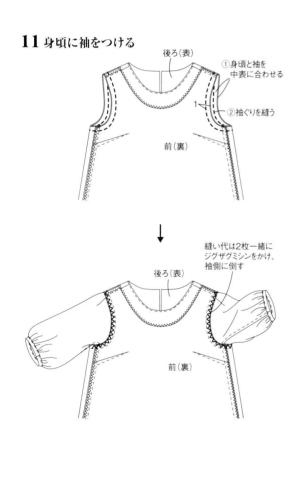

後ろ(表)
①身頃と袖を
中表に合わせる
1
②袖ぐりを縫う
前(裏)

後ろ(表)
縫い代は2枚一緒に
ジグザグミシンをかけ、
袖側に倒す
前(裏)

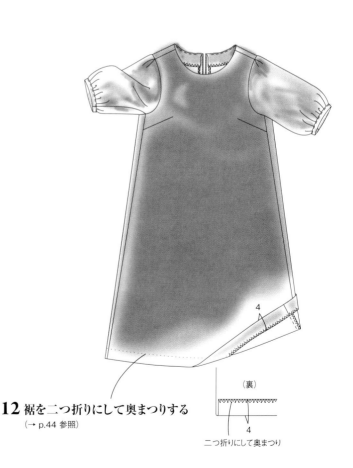

4

12 裾を二つ折りにして奥まつりする
(→ p.44 参照)

(裏)
4
二つ折りにして奥まつり

● パターンを作るときのポイント

パターンの写し方
実物大パターンから必要なパーツを探し、線を色ペンやマーカーでところどころなぞっておきます。実物大パターンの上にハトロン紙（1枚のパーツが収まる大きさに切っておく）をのせ、出来上り線、合い印、縫止り、布目線、ボタンつけ位置、ポケットつけ位置などを写し取ります。

縫い代つきのパターンの作り方
写し取った出来上り線の回りに縫うのに必要な縫い代をつけます。この縫い代の寸法は、作り方ページの裁合せ図を参考にしてください。方眼定規などを使って出来上り線と平行に縫い代線を引きます。ただしパーツの角の部分、袖口や裾の折り代はそのまま縫い合わせると、縫い代が足りなくなる場合があるので、パターンの縫い代幅に余分をつけておき、出来上りに折ってからカットするといいでしょう。

［ダーツの縫い代］
ダーツを倒す方向は作り方ページを参照してください。

［衿ぐり、肩先の縫い代］

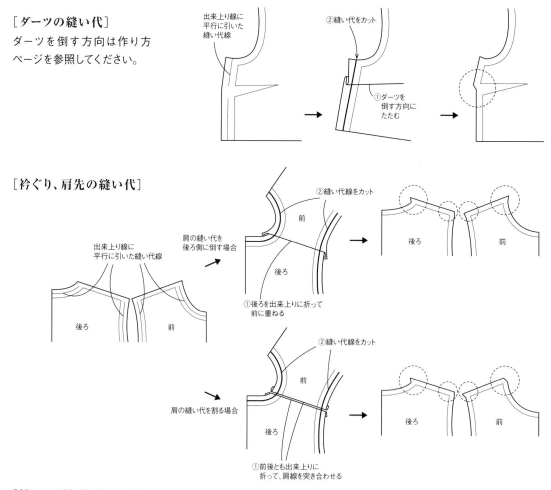

［袖口の折り代（三つ折りの場合）］

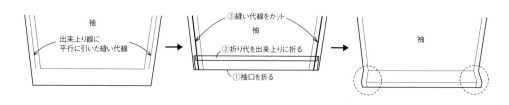